AF249753

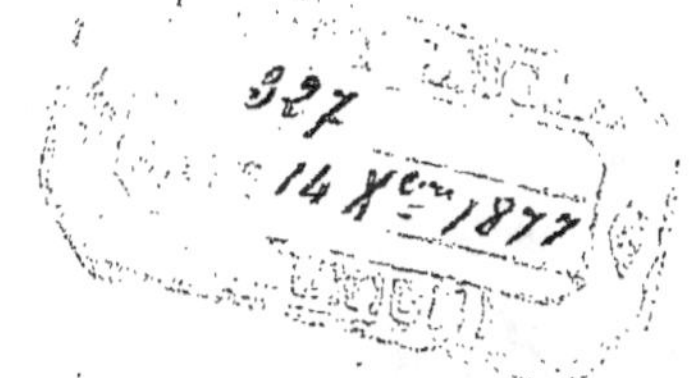

RÉPONSE A L'ENQUÊTE

A MAFATTE

DE M. MILHET

MAIRE DE SAINT-PAUL

RELATIVE AUX

ÉLECTIONS DU 18 NOVEMBRE 1877

PAR M. JEAN DE BELLY

PRÊTRE, CURÉ DE MAFATTE

PRIX : 1 FRANC

En vente chez tous les Libraires de la Colonie

RÉPONSE A L'ENQUÊTE

DE

M. LE MAIRE DE SAINT-PAUL

Il est dit qu'il y a un temps de se taire et un temps de parler. Nous croyons que le temps de se taire est passé pour nous et que celui de parler est venu. Nous allons donc parler et nous parlerons publiquement, parce que, étant attaqué publiquement, c'est publiquement que nous devons nous défendre. Voici.

Habitué qu'il est à vivre au milieu d'un concert perpétuel de louanges et de félicitations, M. Milhet, maire de Saint-Paul, a trouvé exorbitante la hardiesse de quelques habitants du Piton des Neiges, qui viennent de jeter une note discordante au milieu de ce concert, en adressant une plainte respectueuse à M. le Gouverneur,

parce que M. le Maire a manqué à son devoir
vis-à-vis d'eux, dans les élections dernières.

Mais comment M. le Maire de Saint-Paul au-
rait-il pu se persuader, qu'une fois dans sa vie,
il avait failli à son devoir ? C'était là une chose
impossible. Mais, d'un autre côté, comment faire
disparaître du concert élogieux cette note mal-
sonnante, tombée du haut des montagnes ! Un
expédient, plus facile qu'ingénieux, a été trouvé.

Nous voulons croire que M. le Maire ne l'aura
pas deviné tout seul, cet expédient, mais que quelque espion à gage, plein de zèle, sera venu lui
offrir un de ces jolis *canards* dont M. le Maire est
très-friand, et qu'il l'aura avalé sans le plumer,
ce qui est un peu dans ses habitudes, comme
nous le savons par une expérience personnelle.
On aura donc raconté à M. le Maire de Saint-
Paul que nous avions prêché l'abstention à nos paroissiens, aux dernières élections. Et lui, aussitôt, de se convaincre que, si nos paroissiens ne sont
pas allés voter, ce n'est pas parce qu'ils sont obligés de parcourir 45 et 30 kilomètres ; ce n'est
pas parce que les chemins sont mauvais ; ce n'est
pas parce que ces pauvres gens n'ont pas toujours
vingt francs dans leurs poches pour passer trois
ou quatre jours en voyage afin d'aller voter ; s'ils
se sont plaints au Gouverneur, ce n'est pas parce
qu'ils n'ont pas été avertis qu'il y avait des élec-

tions le 18; enfin, s'ils réclament un bureau à Mafatte, ce n'est pas parce qu'ils sont dans l'impossibilité matérielle d'exercer leur droit d'électeurs. Non, la véritable raison, la véritable cause, c'est la *malveillance* du curé. Hé quoi! monsieur le Maire, sous un gouvernement qui inscrit ces mots en tête de sa constitution: Liberté, Egalité, Fraternité, ce serait donc de la malveillance de réclamer un droit dont jouit le dernier de nos concitoyens!

Mais ce n'était pas le tout d'affirmer, il fallait prouver. Donc le lundi, 26 novembre, M. le Commissaire de police de Saint-Paul, M. le Garde des eaux et forêts, etc., étaient envoyés à Mafatte, par ordre du Maire, pour procéder à une enquête juridique.

Nous le dirons tout de suite, cette enquête, surtout pour le motif qui l'a fait entreprendre et à cause de la manière dont elle a été faite, est une injure à notre caractère, une injure à l'honnêteté de nos paroissiens. Et l'argent que cette triste opération a coûté à la commune, eût été mille fois mieux employé à nous faire faire quelque chemin.

Messieurs les inquisiteurs communaux ont commencé leurs investigations à Mafatte. On a sommé les habitants de Roche-Plate et des environs, étonnés du crime qu'ils avaient pu commettre, de comparaître à la barre des commissaires. On leur a demandé pourquoi ils n'étaient pas allés voter ; s'ils assistaient à la messe quelquefois et s'ils n'avaient pas, dans ses instructions, entendu le curé leur parler d'élections. Nous regrettons vivement de n'avoir pas été là pour faire la leçon à nos paroissiens et leur dire de demander, à leur tour, à ces messieurs, si eux-mêmes allaient à la messe et, de plus, s'ils se confessaient quelquefois.......

De Mafatte, les inquisiteurs communaux sont montés à la Nouvelle et ils ont fait subir un semblable interrogatoire aux habitants de ce village.

Mais' ils ne se sont pas contentés de cela, ils ont voulu en faire descendre un certain nombre à Saint-Paul, sans doute les plus coupables, puisque, parmi eux, se trouve un des signataires de la plainte à M. le Gouverneur. Ces gens, ahuris par une telle enquête, ont perdu trois journées pour faire ce voyage ; ils ont dépensé de l'argent, ils ont réclamé des frais de route ; mais il paraît qu'il n'y en avait que pour les inquisiteurs communaux. Eh bien ! nous le demandons ici, à la face de tous, de quel droit Monsieur le Maire de Saint-Paul vient-il demander à nos paroissiens pourquoi ils ne sont pas allés voter ? De quel droit veut-il savoir s'ils vont à la messe ? Est-ce donc qu'on serait maintenant forcé de voter, alors même qu'on serait, comme nous, dans l'impossibilité physique de le faire ? Mais, si nos paroissiens sont coupables de n'être pas allés voter, nous le sommes aussi ; ils le sont également les 2,448 électeurs de la commune qui n'ont pas voté ; ils le sont également les 20,000 autres de la Colonie, qui se sont abstenus. Si nos paroissiens sont coupables, pour avoir revendiqué leur droit, nous sommes plus coupable qu'eux, et c'est nous surtout qui devons être puni. Quoi ! nous serions honoré du nom de Père et nous verrions ceux qui nous appellent de ce nom, subir le despotisme le plus révoltant et la tyrannie la plus inouïe, et nous ne parlerions pas en leur faveur ! Et nous nous tairions ! Mais ce serait manquer à notre mission ; mais nous faillirions au devoir de l'humanité. Eh bien ! nous demandons à ce que M. le Maire de Saint-Paul fasse connaître au public le résultat de son enquête, par demandes et par réponses. Nous nous engageons à payer les frais d'insertion dans tous les journaux de la Colonie, si ce résultat nous est défavorable. Nous demandons aussi que M. le Maire publie le télégramme qu'il a adressé, la semaine dernière, aux journaux de la Colonie, mais qu'il a retiré par un esprit de prévoyance, et dans lequel il nous attaque personnellement.

Et maintenant, supposons, ce qui n'est pas

vrai, que nous ayons vraiment prêché l'abstention et que nous nous soyons occupé d'élections. Serions-nous, dans ce cas, plus coupable que M. le Maire qui, pour ne parler que de faits que nous connaissons parfaitement, a lui-même, l'année passée, convoqué toute la population de Mafatte à venir entendre un discours de M. Demahy et l'a exhortée à voter pour lui? Et, dans les dernières élections pour le Conseil général, n'a-t-il pas écrit et dit à des personnes de la localité, que nous pourrions nommer, de travailler à sa candidature? Or, M. le Maire était coupable, assurément, dans ces différentes circonstances. A-t-on pour cela procédé contre lui à une enquête? Non certes. Nous pourrions donc renvoyer à M. le Maire de Saint-Paul la pierre dont il a voulu nous frapper et lui rappeler ces paroles de l'Evangile, selon Saint-Mathieu, C. VI, v. 5 : « *Hypocrite, ôtez d'abord la poutre qui est dans votre œil et ensuite vous essaierez de tirer la paille de l'œil de votre frère* », ou ces autres : « *Médecin, guérissez-vous vous-même avant de vouloir guérir les autres.* »

Voilà pour la question de fait. Abordons à présent la question de droit.

Le prêtre, le curé, peut-il se mêler d'élections? C'est là un point élucidé depuis longtemps par des plumes plus autorisées que la nôtre. Cependant, pour tranquilliser M. le Maire de Saint-Pau et lui éviter des frais d'espionnage, chaque fois qu'il y aura des élections, nous voulons lui dire, ici, notre sentiment sur cette question.

Le curé peut-il se mêler d'élections? Et pourquoi pas? N'est-il pas citoyen comme les autres? Mais, en tant qu'homme public, le peut-il également? Oui, certes, il le peut. Je dis plus, il *le doit*. Et d'abord, d'où viendrait cette incompatibilité du prêtre? Serait-ce parce que le prêtre, le curé, serait regardé comme fonctionnaire public? Or, nous récusons, pour le prêtre, cette qualité de fonctionnaire. Viendrait-elle, cette incompatibilité, du caractère même des élections? Encore moins. En effet, voter est une action essentiellement morale, de laquelle dépend le sort, bon ou mauvais, de la chose publique. Or, à qui appartient-il d'enseigner la morale? N'est-ce pas au prêtre? Qui a reçu mission de dire aux peuples, ceci est bien, ceci est mal? N'est-ce pas également le prêtre? Donc le prêtre, le curé, peut et doit s'occuper, se mêler d'élections. Hé quoi! il serait permis au dernier voyou, moyennant quelques pièces de monnaie et quelques verres de rhum, de conduire, de force, ses concitoyens au scrutin, et il serait défendu au prêtre d'ouvrir la bouche! Mais M. le Maire de Saint-Paul, que faites-vous donc de l'égalité républicaine? Dites-nous-le? Sachez donc, une fois pour toutes, que, s'il nous plaît de parler d'élections à nos paroissiens, ni vos espions, ni vos enquêtes, ni vos inquisiteurs communaux ne nous en empêcheront.

M. le Maire nous accuse de malveillance, d'animosité contre lui. Or, c'est là, de sa part, un jugement parfaitement téméraire. Il est bien probable que, dans un autre pays, M. le Maire de Saint-Paul aurait été cassé pour certains actes qu'il a faits ; mais qu'il soit sans crainte sur nos intentions. Nous ne cherchons pas à le faire démolir. Nous réclamons pour nos paroissiens et pour nous notre droit, et voilà tout. Et nous le confessons sans arrière-pensée, nous préférerions de beaucoup avoir matière à louer M. le Maire, que d'être obligé de nous plaindre de lui.

Oui, nous voudrions le louer, mais nous ne le pouvons pas, parce que M. le Maire n'a encore rien fait, si ce n'est des promesses, pour améliorer le sort de cette nombreuse population de Mafatte. Nous voudrions le louer, mais nous ne le pouvons pas, parce que M. le Maire sait que nos paroissiens sont obligés d'assister à la messe en plein air et qu'il n'a pas fait construire même un misérable hangar pour les mettre à l'abri des feux du soleil. Nous voudrions le louer, mais nous ne le pouvons pas, parce que M. le Maire n'a pas encore créé un cimetière pour cette population qui est contrainte, au prix de mille peines, de transporter ses morts dans un gony soit à Saint-Paul, soit à Salazie, et, dans la mauvaise saison, de les enterrer dans le premier endroit venu. A ce propos, nous dirons que, si M. le Procureur de la République réclamait de M. le Maire l'observation de l'article 77 du Code civil, nous serions certains d'avoir bientôt un cimetière. « Aucune inhumation ne sera faite sans une autorisation, sur papier libre et sans frais, de l'officier de l'Etat civil, *qui ne pourra la délivrer qu'après s'être transporté auprès de la personne décédée pour s'assurer du décès.* » L'infraction emporte deux mois de prison et 50 francs d'amende.

Nous voudrions le louer, mais nous ne le pouvons pas, parce que M. le Maire, *partisan de l'instruction laïque et obligatoire,* n'a pas établi une seule école pour cette population de 1,500 âmes, d'après les recensements officiels.

Nous voudrions le louer, mais nous ne le pouvons pas, parce que la Mairie de Saint-Paul met toutes sortes de tracasseries injustes et illégales au mariage de nos paroissiens ; parce que le Secrétaire de la Mairie et le Maire lui-même manquent à la politesse la plus élémentaire envers ses administrés.

Nous voudrions louer M. le Maire, mais nous ne le pouvons pas, parce que, un vieillard de 78 ans, après avoir fait près de 50 kilomètres pour se rendre à Saint-Paul, afin de réclamer certains papiers, nécessaires à son mariage, s'est vu obligé d'y passer 4 jours pour pouvoir parler à M. le Secrétaire de la Mairie et de s'en retourner sans rien obtenir.

Nous voudrions louer M. le Maire, mais nous ne le pouvons pas, parce que cette population qui abonde en malheureux, ne participe pas, du moins d'une manière sérieuse, aux secours de la commune et du bureau de bienfaisance, auxquels elle a droit. Volontiers nous le reconnaissons, en distribuant, selon son devoir, aux populations de ces montagnes, les bienfaits de la commune, dont M. le Maire n'est que le dispensateur, il n'aurait peut-être pas des trompettes qui iraient aussitôt l'annoncer aux quatre vents ; mais, qu'il en soit convaincu, pour être ignoré, son mérite n'en serait que plus grand.

Ce que nous combattons, c'est la centralisation, si funeste aux populations de la campagne ; ce que nous revendiquons, c'est la décentralisation, c'est l'autonomie pour toutes les localités importantes. Tandis qu'en France il y a des communes qui n'ont pas plus de 60 habitants, ici il y a des localités de 1,500 âmes qui n'ont même pas un conseiller municipal. Cette décentralisation pourrait bien être un peu préjudiciable aux intérêts de M. le Maire de Saint-Paul, mais point du tout aux intérêts des contribuables. Or, en défendant ces principes, ce sont les vrais principes de la République que nous soutenons. Et si M. Milhet était républicain, autrement qu'en de belles paroles, au lieu de nous blâmer et de crier à la malveillance contre lui, il nous féliciterait et nous encouragerait.

Nous pourrions continuer, mais c'est assez.

Nous le répétons, c'est sans animosité, comme sans hostilité que nous avons parlé. Nous savons, nous, que nous sommes faillible. Aussi, que M. le Maire nous prouve que nous nous sommes trompé et nous sommes prêt à désavouer ce que nous venons de dire et à faire notre *meâ culpâ*.

De Mafatte, le 5 décembre 1877.

JEAN DE BELLY,

Prêtre, curé de Mafatte.

Typ. de Gabriel et Gaston Lahuppe, rue du Conseil
Saint-Denis (Réunion),